Bá Meti

Hakerek-na'in: Flávio Lourenco da Costa
Ilustrasaun husi Romulo Reyes III

Library For All Ltd.

Library For All nu'udar organizasaun Australiana ne'ebé la buka lukru.
Library For All ho nia misaun forma koñesimentu ne'ebé ema hotu bele
asesu liuhosi biblioteka dijitál ne'ebé inovativu.
Vizita ami iha: libraryforall.org

Bá Meti

Publikasaun dahuluk 2021

Publikadu husi Library For All Ltd
Email: info@libraryforall.org
Website: libraryforall.org

Livru ida-ne'e bele prodús tanba simu suporta laran-luak husi Education
Cooperation Program.

Ilustrasaun husi Romulo Reyes III

Bá Meti
Flávio Lourenco da Costa
ISBN: 978-1-922621-10-8
SKU01960

Bá Meti

Ami hela dook husi tasi no baibain iha fulan Agostu, ami sempre bá meti iha tasi tanba tasi maran.

Ami lori ho keur, lampra, hahán balu, rede no roupa troka.

Ami la'o kuaze oras rua
molok to'o iha tasi. Maibé
ami kontente tanba bele pasa
tempu ho belun no família sira.

Ami tuur no hein. Bainhira tasi maran didi'ak ona mak ami sei tama atu meti.

Ami uza sapatu atu ahu-ruin labele sona ami-nia ain.

Ami na'in rua ka tolu sempre la'o hamutuk atu ajuda malu.

Bainhira ami hetan ikan,
kadiuk ka kurita ne'ebé boot,
ami sei uza keur ka soe rede
atu kaer sira.

Ami-nia avó sira bandu katak ami labele kaer animál tasi ki'ik sira, só kaer sira ne'ebé boot de'it.

Iha momentu tasi komesa sa'e, ami sei la'o fila ba rai-maran. Ami hili no rai hamutuk plástiku sira ne'ebé ami hetan iha rai-henek leten.

Ami agradese no kuidadu didi'ak ami-nia tasi tanba tasi fó hahán ba ami.

Ami sei lori fila ikan ka kurita sira ne'ebé ami kaer ba amá ka apá atu te'in.

Hafoin han kalan ami hotu toba tanba kole.

Ó bele uza pergunta hirak-ne'e hodi ko'alia kona-ba livru ne'e ho ó-nia família, belun sira no mestre sira.

Ó aprende saida husi livru ne'e?

Ho liafuan ida ka rua deskreve livru ne'e. Kómiku? Halo ta'uk? Halo kontente? Interesante?

Ó sente oinsá bainhira ó lee hotu tiha livru ne'e?

Parte ida ne'ebé mak ó gosta liuhosi livru ne'e?

Kona-ba kontribuidór sira

Library For All servisu hamutuk ho hakerek-na'in no artista sira husi mundu tomak atu dezenvolve istória ne'ebé relevante, kualidade di'ak no kona-ba tópiku oioin. Ami halo istória hirak-ne'e ba lee-na'in labarik no joven sira.

Vizita website libraryforall.org atu hetan informasaun atuál kona-ba ami-nia workshop ba hakerek-na'in, informasaun kona-ba oinsá atu submete livru ba publikasaun, no oportunidade kriativu seluk.

Ó gosta livru ne'e?

Ami iha istória orijinál atus ba atus ne'ebé ita bele lee.

Ami servisu hamutuk ho hakerek-na'in lokál sira, edukadór sira, konsellu kultura nian, Governu no ONG sira atu lori ksolok lee ba labarik sira iha fatin ne'ebé de'it.

Ó hatene?

Ami kria impaktu globál iha área hirak-ne'e tanba ami servisu tuir Objetivu Dezenvolvimentu Sustentavel Nasoens Unidas nian.